AF324451

LE JALOUX,

OU LA

MAISON DE SANTÉ,

PANTOMIME DIALOGUÉE EN 3 PARTIES,

MÊLÉE DE CHANTS ET DE DANSES,

Par M. M. de R.

MUSIQUE ARRANGÉE PAR M. BOSISIO.

Représentée pour la première fois, à Paris, sur le Théâtre Forain du Luxembourg, le 16 Juillet 1828.

Prix : 40 Cent.

PARIS,

CHEZ CHASSAIGNON, IMPRIMEUR-LIBRAIRE,

RUE GÎT-LE-CŒUR, N° 7.

1828.

PERSONNAGES.	ACTEURS.

M. DE MORANGES, jeune médecin......   M. CLAIRVILLE aîné.
CAROLINE, sa femme...................   Mlle. ADÈLE.
CÉLESTIN, jeune mousse, frère de Caroline.   M. FRANCIS.
GERMAIN, domestique muet et paralytique.   M. ALBAUME.

NARSÈS, Grec...............   M. FÉLIX.
THÉLÉSIS, sa sœur...........   Mlle. CÉLESTE.
DONA BARBA, vieille Espagnole.   Mme. CLAIRVILLE.
HOUANG-POUF, Chinois.......   M. FERDINAND.
JOHN, Anglais..............   M. HENRI.
DONA ELVIRE, Portugaise.....   Mme. AUGUSTE.
ZANICA, Négresse............   Mlle. VICTORINE.
OURBIKOFF, Cosaque........   M. MAUGÉ.
ALBERTI, Italien............   M. ADOLPHE.
ZAIDA, Musulmane...........   Mlle. ANNA.
DOURMANN, Allemand.......   M. CHOISI.
FANISKA, Polonaise..........   Mlle. AUGUSTINE.

Pensionnaires de M. de Moranges.

QUATRE INFIRMIERS...............   M. THÉODORE.
   M. ÉMILE.
   M. JOSEPH.
   M. HIPPOLITE.

La Scène se passe à Paris.

LE JALOUX,

OU

LA MAISON DE SANTÉ,

PANTOMIME DIALOGUÉE EN TROIS PARTIES,

MÊLÉE DE DANSES ET DE CHANTS.

PREMIÈRE PARTIE.

Le Théâtre représente le Jardin de M. de Moranges ; à droite, un Pavillon ouvrant en face du public ; à gauche, un autre Pavillon, avec fenêtre au-dessus de la porte ; dans le fond, une fontaine, des arbres épars ; un banc à gauche.

SCÈNE PREMIÈRE.

CAROLINE, M. DE MORANGES.

M. DE MORANGES.

Ma patience est à bout.

CAROLINE.

Je n'y saurais tenir.

M. DE MORANGES.

Que d'inconséquence !

CAROLINE.

Quelle jalousie !

M. DE MORANGES.

J'attendais ce reproche : jaloux, jaloux ! moi, la confiance même.

CAROLINE.

Vous, mon ami, confiant ?

M. DE MORANGES.

Vous en doutez peut-être ? Depuis une heure vous m'aviez quitté ; je vous entends soupirer une romance. Pour vous mieux écouter je vole à votre appartement, et je vous trouve en grande toilette ; attendiez-vous quelqu'un ? Au bruit que je fais en ouvrant la porte, vous vous précipitez dans mes bras, sans avoir eu le temps de me reconnaître. Vous conviendrez que, sans être jaloux, votre musique, cette toilette et cet empressement à venir m'embrasser, pourraient faire concevoir de singuliers soupçons; je n'en ai pas cependant, et l'on me nomme jaloux! seulement je voudrais savoir......

CAROLINE.

Eh ! quel moyen me faut-il employer pour vous convaincre de ma tendresse? Née de parens honnêtes, mais obscurs, vous m'avez élevée jusqu'à vous, médecin célèbre de la capitale. Cette aisance dont je jouis, les riches vêtemens qui me parent , la considération dont je suis environnée, c'est à vous que je dois tout cela; et cet époux dont je suis fière, cet époux qui fait ma gloire et mon bonheur, que j'aime enfin plus que tout au monde, me prescrit de lui prouver ma tendresse autrement que par des paroles que ma conduite n'a jamais démenties...Se mettant de folles idées en tête, Monsieur pense qu'on peut le trahir : à mon âge, je l'avouerai, la chose serait facile; et plus un époux est exigeant... Mais cependant, mon ami, rassurez-vous.

AIR : Du Vaudeville de Psyché.

Tant qu'on verra dans cette vie,
La honte flétrir les méchans ,
Les talens froissés par l'envie,
L'hiver précéder le printemps;
La grâce embellir la plus belle,
Le coq chanter au point du jour ,
Le tourtereau rester fidèle ,
Vous devez croire à mon amour.

M. DE MORANGES.

Eh bien ! j'ai tort; (*à part.*) ou du moins on me le dit. (*haut.*) Que veux-tu, Caroline, t'aimant avec idolâtrie, je voudrais être aimé de même. Il te souvient du jour, où, près de ta mère , que ma profession de médecin avait conduit chez elle , je lui peignis la passion que tu m'inspirais. Accablée par la douleur que lui causait la fuite de Célestin, ton jeune frère, échappé du collège pour aller courir le monde , frappée de l'idée qu'elle quitterait bientôt la vie, en te laissant privée de fortune et d'amis , ses yeux parurent se ranimer à la pensée consolante de donner à sa fille un époux dans l'amant le plus tendre. Ma jeunesse ne l'effraya point : elle lut dans tes regards que ma demande avait obtenu ton aveu, et, plaçant ta main dans la mienne, elle me supplia de te rendre heureuse. Peu de jours après tu m'appartenais, Caroline, et ta mère n'existait plus. Depuis ce moment, mon amour a-t-il cessé d'être le même? Célestin, ton jeune frère, que je n'ai jamais vu, que la folie éloigna de Paris, que la folie y a sans doute ramené, a fait pour te voir, il est vrai, plusieurs démarches infructueuses; car présumant que la société qu'il fréquente se composait d'étourdis semblables à lui, j'ai dû, par un refus honnête, mais formel, mettre un terme à ses tentatives pour pénétrer jusqu'à toi, en même temps que ma bourse offrait de s'ouvrir pour lui. Amis, parens, famille, j'ai tout remplacé près de mon aimable compagne; seul je voudrais régner sur son cœur, et mes désirs seraient appelés despotisme ou jalousie? C'est de l'amour, ma bonne amie, c'est de l'amour. Peu rassuré sur mes moyens de plaire, je redoute avec d'autres hommes une comparaison qui pourrait m'être désavantageuse, et c'est l'unique motif qui m'a porté à ne recevoir personne. La maison de santé que je dirige, et dans laquelle nous résidons, n'est habitée, j'en conviens, que par des étrangers dont aucun ne parle ta langue; j'épargne à tes oreilles, par ce moyen tout naturel, ce que leurs discours pourraient avoir d'offensif ou de dangereux. Tu aimes la musique? je t'accompagne lorsque ta voix se marie aux accords de la harpe. Le bal? je prescris à mes pensionnaires l'exercice de la danse, de manière à t'offrir ce divertissement sans avoir besoin de sortir de la maison. Le spectacle? la différence de langage était pour nos hôtes un obstacle à jouer la comédie; la nécessité rend l'homme inventif, la pantomime a répondu à mon appel; et deux fois par semaine nous gesticulons la fureur, soupirons le sentiment, grimaçons l'amour et mimons la reconnaissance. Et tu pourrais penser que cette conduite, digne d'éloges sous tous les rapports, a pris naissance dans un caractère difficile, inquiet, soupçonneux, s'allarmant de tout, et se créant des fantômes imaginaires! Tu recevrais des visites nombreuses, les promenades, les concerts, les spectacles, te verraient chaque soir, que nulle défiance ne viendrait assurément s'emparer de mon esprit; mais le monde est méchant, il parlerait peut être? Envenimés par la calomnie, ses propos me seraient rapportés; évitons cette infortune en ne sortant jamais. Hors de ma présence, ta vertu ne cesserait pas d'être pure, je le sais; mais la médisance est si active, que le meilleur moyen de lui imposer silence, et de confondre ceux qui, nous connaissant mal, voudraient jetter sur toi le blâme et sur moi le ridicule, c'est de veiller nuit et jour, comme je le fais, sur ma charmante Caroline. Osez nommer cela méfiance et jalousie, j'y consens, messieurs les railleurs; quant à moi, je donne à cette manière de vivre, les noms beaucoup plus justes de prudence et de précaution.

CAROLINE.

Vous êtes médecin, et vous ne connaissez pas la maladie qui vous tue! Allons, allons, je serai votre docteur; suivez exactement mes ordonnances, et je vous réponds d'une parfaite et prompte guérison; je n'imiterai pas vos confrères.

Aɪʀ : *Sur votre Table.*

Votre mal est grand, et je pense,
Qu'il faut prendre pour l'appaiser;
En vous-même plus d'assurance,
Et sur ma joue un doux baiser;
Vous ne pouvez me refuser.
D'un docteur je n'ai pas les grades,

Mais mon remède a réussi,
Et les hommes qui sont ici,
S'écrieront tous qu'ils sont malades,
Si je veux les guérir ainsi.

M. DE MORANGES.

A propos, Caroline, j'avais oublié de t'en prévenir : il m'arrive
aujourd'hui un aide pour le vieux Germain.

CAROLINE.

J'entends, un nouvel argus.

M. DE MORANGES.

Pas du tout. Mais la paralysie, qui lui laissant bon pied et bon
œil, s'est fixée sur la langue de ce fidèle serviteur, l'empêche de
me rendre compte des besoins de mes pensionnaires, des dé-
tails de ma maison.

CAROLINE.

De ce que je fais, ou dis, quand par hasard vous vous séparez
de moi; voilà l'unique, le véritable motif.

M. DE MORANGES.

Ensuite le jeune homme que j'attends.....

CAROLINE.

Ah! c'est un jeune homme.

M. DE MORANGES.

Il n'a que seize ans ; (*A part.*) à cet âge on n'est pas dangereux.
(*haut.*) Il joint l'esprit à l'instruction; et pourra même, si nous l'en
prions, composer quelques pièces nouvelles pour notre théâtre de
société. C'est, m'assure son protecteur, le zèle, la vigilance en
personne. (*A part.*) Il surveillera madame. (*Haut.*) Il aura l'œil
à tout (*à part*), et je dormirai tranquille.

CAROLINE.

Ainsi un étranger va s'établir céans ; et Célestin, mon frère,
qui avait droit à votre protection, n'y saurait être admis.

M. DE MORANGES.

Je te l'ai déjà dit, ma chère, Célestin n'entrera jamais chez
moi.

SCENE II.

Les Précédens, CÉLESTIN, GERMAIN.

CÉLESTIN, poussant Germain.

M'y voici.

CAROLINE, à part.

Ciel! mon frère! mon cher Célestin.

CÉLESTIN, le doigt sur la bouche.

Chut. (*Haut.*) A tout maître, salut; à l'ordre, obéissance.

M. DE MORANGES.

Sois le bien arrivé.

CÉLESTIN.

Air : *Du Soldat laboureur.*

Je suis là,
Me voilà,
De l'adresse on en a ;
Je dois faire,
Ici votre affaire.
Commandez, me voici,
Et je suis heureux si,
A vous plaire
J'ai réussi.

(*A M. de Moranges*.) Pour fermer les verroux,
(*A Caroline.*) Mettre en paix les époux,
(*A M. de Moranges*) Surprendre un billet doux,
(*A Caroline.*) Et guérir un jaloux :
Je suis là, etc.

M. DE MORANGES.

On m'a beaucoup parlé de toi ; on m'a fait l'éloge de ton dévouement, de ton adresse ; je les mettrai à l'épreuve.

CÉLESTIN, regardant Caroline.

Et je les ferai voir.

M. DE MORANGES.

J'y compte. Mon vieux Germain, c'est un second que je te donne ; la paralysie qui t'empêche de t'exprimer, ton âge, tes services, tout m'en faisait un devoir.

(*Germain cherche à parler pour faire entendre, qu'au besoin, il serait encore utile, mais il ne peut produire aucun son.*)

CÉLESTIN.

Tout ça pour dire que je ne vous plais guères ; ne vous fatiguez plus, je me tiens pour averti.

(*Germain se retire en grondant.*)

CÉLESTIN.

Assez pour aujourd'hui, la suite à demain.

CAROLINE, à part.

Je brûle de l'interroger.

M. DE MORANGES, à Célestin.

Tu seconderas Germain dans les soins qu'il donne à mes pensionnaires ; j'en ai de tous les pays, de tous les états, de toutes les couleurs : le parasite et le négociant, la prude et la coquette, le fournisseur et l'homme de lettres, le plaideur et le soldat, se trouvent ici réunis.

CÉLESTIN, avec intention.

Sans être médecin, si je pouvais en guérir un, M. de Moranges, ça ferait peut-être plaisir à Madame, et ça me rendrait bien heureux.

M. DE MORANGES.

Un ? c'est tous que je dois guérir.

CÉLESTIN.

Tous ? non pas, s'il vous plaît ; et puisque vous en avez de tous les états.....

Air : *Ça ne revient plus.*

Négligez-les,
Ceux dont l'âme est froide et flétrie ;   (*Bis*)
Négligez-les,
Ces plaideurs, effroi du Palais ;   (*Bis*)
Mais les soutiens de l'industrie,
Les défenseurs de leur patrie,
Guérissez-les.   (4 *fois.*)

CAROLINE, bas à Célestin.

Quel est ton but ?

CÉLESTIN.

Servir ceux que j'aime, voilà mon bonheur, M. de Moranges ; et ma foi, je l'ai fait voir. Jeune, espiègle, paresseux, mauvaise tête.

CAROLINE, à part.

C'est vrai.

CÉLESTIN.

Préférant la vaste étendue des mers aux classes étroites et aux cours murées d'un collége, d'écolier je devins mousse, et je grimpai aux cordages avec l'étourderie d'un enfant et la bravoure d'un Français.

CAROLINE, à part.

Comme il est devenu gentil.

CÉLESTIN.

Et je n'aurais eu rien à souhaiter, si le souvenir de ma famille, d'une mère.... qui, je l'espère, m'aura pardonné.

Caroline fait un geste affirmatif.

CÉLESTIN, à part.

Cette réponse fait du bien. (*Haut.* Tour à tour, aux Indes, au Brésil, dans la Grèce, j'ai vu notre pavillon salué des bravos de l'univers, au bruit du canon de Navarin, qui, portant la flamme au milieu de la flotte ennemie, mettait le désordre chez les baleines et les requins, paisibles habitans de l'eau salée. Que c'était beau, le feu sur la mer ! Il y faisait chaud ; et tenez je m'y crois encore.

Air : *Du Ballet des Pierrots.*

Dans les airs la bombe est lancée,
De ses flancs le feu va jaillir ;
La flotte est par elle embrasée,
Et l'onde commence à bouillir.
Des requins bientôt le murmure,
Domine le bruit des canons ;
Car la mer est une friture,
Où cuisent les pauvres poissons.

C'est peu de jours après, et non loin de mon bord, que, par un beau dévouement, Bisson, pour vivre toujours, n'hésita pas à donner sa vie.

M. DE MORANGES.

Comment tu as connu ce généreux Français!

CÉLESTIN.

Si je l'ai connu!

AIR : *Du Vaudeville du Château perdu.*

Son bras armé de la torche homicide,
Qui doit le mettre au rang des nobles cœurs,
Lance la mort et la plaine liquide,
A recouvert et vaincus et vainqueurs,
Bisson, crois-en nos regrets et nos pleurs ;
La mer n'a point tes honorables restes ;
Quand de lagloire on s'ouvrit le chemin,
Pour nous conduire aux régions célestes,
L'Éternel veille et nous prend par la main.

M. DE MORANGES.

Allons, allons, je vois que nous nous conviendrons, et que je n'aurai point à me plaindre de t'avoir admis chez moi ; mais en devenant de la maison, mon ami, tu feras trève avec la guerre, et tu ne livreras bataille (*bas à Célestin*) qu'aux ennemis de mon repos.

CÉLESTIN.

A vous, Monsieur, appartient le droit de commander, et malgré mon amour (*M. de Moranges fait un mouvement*) pour les armes, je les placerai au repos, à mon grand regret cependant....

CAROLINE.

Se pourrait-il?

AIR : *Connaissez mieux le grand Eugène.*

Comment, vous aimez à vous battre,
Je vous croyais plus de douceur?
Quel motif vous porte à combattre ?

CÉLESTIN.

Souvent c'est pour votre bonheur,
Que nous montrons notre valeur ;
Et pour prix d'une noble audace,
Quand notre espoir n'est pas déçu,
C'est un frère alors qu'on embrasse,
Dans l'ennemi qu'on a vaincu.

CAROLINE, à part.

Ce bon Célestin.

(*Germain demande à M. de Moranges où logera Célestin, qui pendant ce temps, fait à Caroline des signes d'intelligence.*)

M. DE MORANGES, *désignant le pavillon de gauche.*

C'est là. (*A Célestin.*) On te nomme...

CÉLESTIN.

Jolicœur.

Le Jaloux.

M. DE MORANGES.

Bon. (*A Germain.*) C'est là que Jolicœur logera, tout près du pavillon que j'habite, et sur lequel il aura les yeux.

CAROLINE.

Mon ami, vous êtes incorrigible.

M. DE MORANGES.

Caroline, vous vous forgez des chimères. Jolicœur prévenant pour tout le monde, attentif, vigilant pour Madame, fidèle et sincère avec moi, voilà ton rôle, et j'espère qu'il sera rempli avec le talent qui te distingue. L'heure du souper s'approche, nos pensionnaires vont se réunir, Germain te présentera ; et quant à moi, ma bonne amie, l'inspection de ma maison terminée, je viendrai te rejoindre si tu m'en accordes la permission, et si ma présence ne te dérange pas.

CAROLINE.

AIR *de la Vieille.*

Un époux, jamais n'importune

CÉLESTIN , *bas à Caroline.*

Viens me joindre au déclin du jour.

CAROLINE , *à M. de Moranges.*

Votre amour a fait ma fortune,
Votre bonheur, c'est mon amour

CÉLESTIN , *bas à Caroline.*

Du jaloux, effrayant l'amour,
Je veux ici qu'un heureux stratagême
Rende à ma sœur la paix.

CAROLINE.

L'époux que j'aime
N'a dans mon cœur de rival que lui-même.
(*Elle prend la main de M. de Moranges , et tend la sienne à Célestin.*)

CAROLINE ET CÉLESTIN.

Nul ici bas n'est heureux à demi
En pressant la main d'un ami.

DEUXIÈME COUPLET.

CAROLINE , *avec intention.*

Mon ami, mon cœur vous devine.

CÉLESTIN , *bas.*

Qu'il s'exprime avec liberté.

CAROLINE

Il me dit que de Caroline
Vous voulez la félicité.

CÉLESTIN , *de même.*

Oui, je veux ta félicité,
Lorsqu'un jaloux empoisonne ta vie.

CAROLINE.

Quand un époux vient embellir ma vie,
L'aimer, lui plaire est mon unique envie.

Ensemble.

Et le malheur est bientôt oublié,
Entre l'amour et l'amitié.

*(M de Moranges sort par le fond, et Caroline entre dans le pavillon
de droite).*

SCÈNE III.

CÉLESTIN, GERMAIN.

CÉLESTIN, à part, regardant Germain.

Gagnons la confiance de ce vieux serviteur, et jouons serré.
(*Haut.*) Eh bien! monsieur Germain, nous voilà donc cama-
rades.

(Germain lui dit qu'il se serait bien passé de son arrivée.)

CÉLESTIN.

Vous n'en êtes pas flatté, je m'en doutais, et vous avez tort :
premièrement, vous aurez moitié moins de besogne, et je vous
abandonne les profits.

(Germain se rapproche de Célestin, la figure riante.)

CÉLESTIN.

Je ne veux que votre amitié.

(Germain, enchanté, lui tend la main.)

CÉLESTIN.

Vous voyez qu'il ne s'agit que de s'entendre. Ah ça, si vous le
pouvez, instruisez-moi de ce que je dois savoir. D'abord madame ?

(Germain lui dit que c'est la vertu, la bonté même.)

CÉLESTIN.

Mille qualités. (*A part.*) Je le savais. (*Haut.*) Quant à son
mari, des talens, mais inquiet jaloux; hein, n'ai-je pas bien
deviné ?

*(Germain lui répond qu'il ne se trompe pas, et que sa jalousie rend
madame de Moranges fort malheureuse.)*

CÉLESTIN, à part.

Pauvre sœur, elle est trop bonne; heureusement, je suis là.
(*Haut.*) Et mon emploi, mes devoirs, quels sont-ils ?

*(Germain lui indique que d'abord il doit être discret, vigilant, courir
au moindre signe, servir les pensionnaires, leur distribuer les vivres,
le vin.)*

CÉLESTIN.

Et en boire ma part.

*(Germain, le doigt sur la bouche, prend une bouteille et deux verres
dans un panier, et offre à Célestin de trinquer avec lui.)*

CÉLESTIN , après avoir bu.

Et si l'on s'en aperçoit.

(*Germain, mystérieusement, lui montre la fontaine, et remplit la bouteille.*)

CÉLESTIN.

Les grandes manières. Ma foi, vive Paris pour former la jeunesse, l'abstinence des domestiques et le naturel du vin.

AIR : *De jadis et aujourd'hui.*

A Paris, l'eau, quelle merveille !
Rougit comme un jeune tendron ;
Ensuite on la met en bouteille ,
Et de Beaune elle prend le nom.
Marchands, traiteurs, chez vous si j' touche
En tremblant au jus du raisin ,
'est qu'l'eau m'en vient d'suite à la bouche ,
Assurez-vous en chez l'voisin.

(*Germain se met à rire, et annonce l'arrivée des pensionnaires.*)

CÉLESTIN , regardant.

Quelle diversité d'habits ! on voit bien qu'ils sont des quatre parties du monde. Mais je ne me trompe pas, j'aperçois un Grec, le brave Narsès, dont j'ai sauvé les jours, et qui avait une Sœur que j'adorais, la charmante Thélésis; seraient-ils au nombre des habitans de la maison ?

(*Oui, répond Germain.*)

CÉLESTIN.

Oui? Tant mieux; je ferai l'aimable.

SCÈNE IV.

CÉLESTIN, GERMAIN, NARSES, THELÉSIS; HOUANG-POUFF , DONA BARBA, JOHN , DONA ELVIRE, ZANICA, OURBIKOFF, ALBERTI, ZAIDA, DOURMANN, FANISKA.

(*Germain présente Célestin aux pensionnaires, comme celui qui doit le suppléer. Lorsque Célestin paraît devant Narsès, ce dernier consulte ses souvenirs, regarde Thélésis, reconnaît Célestin, et lui ouvre ses bras.*)

CÉLESTIN.

Ils m'ont reconnu ! Comme Thélésis est embellie ! (*Il voit dona Barba.*) Mais, par système de compensation, en voilà une, c'est l'histoire ancienne couronnée de roses.

(*Narsès dit à ses compagnons que Célestin a sauvé ses jours et l'honneur de sa sœur.*)

CÉLESTIN.

M. Germain, c'est aujourd'hui que je me repens de mon ignorance; si j'avais fait de meilleures études, je parlerais leur langue;

je dirais à Thélésis qu'elle est jolie, je pourrais donner à son frère
des nouvelles de son pays. Ma foi, c'est égal, essayons toujours,
peut-être mes gestes et les inflexions de ma voix suffiront-ils pour
l'instruire.

Air de Délia et Verdikan.

> Se rappelant des jours brillans de gloire,
> J'ai vu les Grecs transformés en soldats,
> Trouver la mort en cherchant la victoire,
> Et succomber comme Léonidas.
> (A Thélésis.) Ton cœur au mien ne répondra-t-il pas ?
> (A Narsès.) Le fer brille, il faut se rendre ;
> Mais eux ne redoutant rien,
> Au tombeau savent descendre
> Quand l'honneur seul les soutient.

(Narsès et Thélésis prennent les mains de Célestin, et lèvent les yeux
au ciel.)

> Ah, sans pouvoir me comprendre,
> Vos cœurs entendent le mien !
> M'entendent bien !

Voyez-vous, monsieur Germain, voyez-vous l'expression de leur
physionomie..... Entendre parler e son pays, nul bonheur n'é-
gale celui-là.

(Germain fait entendre aux pensionnaires que la nuit arrive, qu'il faut
se rendre au souper. On se sépare; Célestin va sortir.)

SCENE V.

CELESTIN, M. DE MORANGES.

M. DE MORANGES, arrêtant Célestin.

Jolicœur, un mot.

CÉLESTIN.

Parlez.

M. DE MORANGES.

Devant madame de Moranges, je n'ai pu m'expliquer ouverte-
ment, ni te donner mes dernières instructions. Tu sais que je
suis.....

CÉLESTIN.

Marié.

M. DE MORANGES.

Que ma femme est....

CÉLESTIN.

Un ange.

M. DE MORANGES.

Joignant la grâce....

CÉLESTIN.

A l'esprit.

M. DE MORANGES.

La douceur....

CÉLESTIN.

Aux vertus.

D'une âme....

M. DE MORANGES.

Noble.

CÉLESTIN.

D'une conduite....

M. DE MORANGES.

Pure.

CÉLESTIN.

Que je crains...

M. DE MORANGES.

A tort.

CÉLESTIN.

Qu'un rival....

M. DE MORANGES.

Chanson.

CÉLESTIN.

Parvienne.....

M. DE MORANGES.

A rien.

CÉLESTIN.

Car mon cœur....

M. DE MORANGES.

Est fou.

CÉLESTIN.

Jaloux....

M. DE MORANGES.

CÉLESTIN.

C'est la même chose. Car enfin, Monsieur, si vous rendez toute la justice qu'elles méritent aux brillantes qualités de madame.

M. DE MORANGES.

Ne la perds pas de vue; l'aimant plus que ma vie; son indifférence me tuerait, et j'ai besoin de croire à sa tendresse. Elle m'aime, Jolicœur, elle m'aime, n'est-il pas vrai? j'ai tort de redouter, je le sens; mais c'est égal, et sans qu'elle puisse le deviner, observe, surveille, ne me cache rien, je me charge de ta fortune.

CÉLESTIN, à part.

C'est tout simple, un beau-frère.

M. DE MORANGES.

Tout à l'heure, elle paraissait agitée. Porterait-elle ici intérêt à quelqu'un?... Si elle accueillait un hommage étranger? si le but de sa brillante toilette était un rendez-vous?... Je reviendrai.

CÉLESTIN, à part.

C'est bon à savoir.

M. DE MORANGES.

Jolicœur, on s'accorde à dire du bien de toi. Tu parais mériter ma confiance, profite aussi de mes avis, et quand tu auras 20 ans, si tu veux être heureux, ne cherche point à te marier. (*Il sort.*)

CÉLESTIN, seul.

Ah! ça mais, décidément, c'est de la rage que cet amour-là.

Tout beau ! mon cher beau-frère, les passions nuisent à la santé ;
médecin, vous devriez le savoir, et puisqu'il vous faut une leçon,
en bon parent, je me charge de vous la donner... La nuit est close,
ma sœur ne peut tarder.

SCENE VI.

CÉLESTIN, CAROLINE.

CAROLINE, enveloppée dans un manteau.

Es-tu là ?

CÉLESTIN.

Je t'attendais. (*Il l'embrasse.*) Après quatre ans d'absence,
quel plaisir de se revoir.

CAROLINE.

Et si mon époux apprenait... Célestin, pas d'étourderie, je t'en
conjure, malgré sa jalousie, si tu savais combien je le chéris.

CÉLESTIN.

Et si je te disais à quoi il me destine.

CAROLINE.

Je m'en doute.

CÉLESTIN.

Et tu ne te vengerais pas ! c'est une duperie de se montrer si
bonne.

CAROLINE.

Le temps lui fera voir, qu'il avait tort de soupçonner ma fidé-
lité.

CÉLESTIN.

Le temps ? le temps ? Commence par tourmenter ton mari, c'est
un plaisir pour toutes les femmes.

AIR : *Quand j'avais l'âge de mon fils.*

Prends un amant, il guérira.

CAROLINE.

Prendre un amant, il en mourra.

CÉLESTIN.

Qu'il soit galant, qu'il soit aimable.

CAROLINE.

Ce discours n'est pas de saison.

CÉLESTIN.

Mon discours est bien de saison.

CAROLINE.

Mon frère a-t-il bien, a-t-il bien sa raison ?

CÉLESTIN.

Cet amour là ne sera qu'une fable :
Mais conviens-en, ma chère sœur,
Pour un mari, c'est un bonheur
D'en être quitte pour la peur.

CAROLINE ET CÉLESTIN.

Faisons-lui peur.   (*bis.*)

CÉLESTIN.

Ce banc nous offre un siége commode, profitons-en. (*Ils s'asseient.*) Tu ne sais pas, Caroline, j'ai retrouvé parmi tes pensionnaires, ma première, mon unique inclination, une jeune grecque, la charmante Thélésis.

CAROLINE.

Comment, tu la connais?

CÉLESTIN.

Beaucoup, elle m'a des obligations, je te conterai cela. Mais l'air est vif, mes vêtemens sont des plus légers.

CAROLINE, lui mettant son manteau.

Prends mon manteau.

CÉLESTIN.

Merci. Le froid pénètre, vois-tu, lorsqu'on a des blessures.

SCENE VII.

LES PRÉCÉDENS, M. DE MORANGES.

M. DE MORANGES, dans le fond.

Tout est tranquille.

CAROLINE.

Des blessures, toi?

CÉLESTIN.

Sans doute.

M. DE MORANGES, à part.

On a parlé.

CAROLINE.

AIR : *Tout ça passe.*

Si jeune et déjà blessé.

CÉLESTIN.

Ma sœur j'ai l'âme héroïque,
Et le cœur toujours pressé.

(*Il l'embrasse.*)

M. DE MORANGES, à part.

On embrasse quelqu'un.

CAROLINE.

Méchant! ta barbe me pique.

M. DE MORANGES, à part.

C'est la voix d'une femme! qui donc ici parle français?

CÉLESTIN,

C'est qu'en France, on peut m'en croire,
Pour l'honneur de ses enfans ,
L'amour , la barbe et la gloire ,
Tout ça pousse (*bis*) en même temps.

M. DE MORANGES, à part,

Je ne puis distinguer.

CÉLESTIN.

Séparons-nous, Caroline, on nous écoute.

CAROLINE.

Serait-ce mon mari?

M. DE MORANGES, à part.

C'est ma femme! je suis perdu.

CAROLINE.

C'est lui-même.

CÉLESTIN.

Sauve-toi.

(*Caroline se glisse derrière l'arbre. Trompé par le manteau que porte Célestin, M. de Moranges le suit, et dans l'instant où Caroline rentre chez elle, il arrête Célestin.*)

M. DE MORANGES.

Vous ne m'échapperez pas.

CÉLESTIN, à part.

Vous vous trompez.

(*Il laisse le manteau dans les mains de M. de Moranges, et s'enferme dans le pavillon de gauche.*)

SCENE VIII.

M. DE MORANGES, seul.

La trahison est évidente! Je tiens le vêtement de la perfide, j'ai entendu le bruit du baiser; mon déshonneur n'est pas douteux, et j'étais assez crédule pour ajouter foi à ses sermens. (*Il appelle.*) Jolicœur?... Qu'est-il devenu? j'aurais besoin de lui... Jolicœur?... Je serai vengé. La perfide! je la tiens, elle est là, ce pavillon n'a pas d'issue, nul moyen de s'évader..... Et son lâche séducteur! il doit être dans la maison... Si j'appelais de nouveau? Ce serait publier ma honte! Si je me tais, le traître pourra s'échapper! Que faire, que résoudre?

SCENE IX.

M. DE MORANGES, CÉLESTIN.

CÉLESTIN, à la fenêtre du pavillon.

Il est encore là; est-ce qu'il voudrait y passer la nuit?

M. DE MORANGES, ferme la porte et prend la clé.

Si je vais moi-même à sa recherche, et que pendant mon absence il vienne de ce côté, la fenêtre du pavillon n'est pas très-élevée, et s'il y montait...

CÉLESTIN, à part,

Ma foi, puisqu'on peut y monter, on doit aussi pouvoir en descendre. (*Il descend.*)

M. DE MORANGES.

Ce matin, je doutais de mon infortune, maintenant j'en suis sûr. C'est qu'il l'embrassait d'une force!

Le Jaloux.

CÉLESTIN, *à part, en mettant pied à terre.*

J'y suis.   (*Il se sauve.*)

M. DE MORANGES.

Décidément, appelons. Je trouverai bien un prétexte. (*Il sonne.*)
C'est cela, madame se sera trouvé indisposée. Sauvons du moins
les apparences. (*Il s'approche du pavillon.*) Madame, je vous en
conjure, pour notre honneur commun, feignez de vous trouver
mal.   (*Il sonne.*)

SCENE X.

M. DE MORANGES, CÉLESTIN, GERMAIN, NARSÈS,
THÉLÉSIS, Tous les Pensionnaires, des lumières à la main,
CAROLINE, dans le Pavillon de droite, dont elle ouvre la fenêtre.

Duo du Maçon.

M. DE MORANGES.	CÉLESTIN ET CAROLINE.
La douceur,	Quel vacarme et quel bruit
Dans mon cœur,	Au milieu de la nuit.
Fait place à la fureur.	Quand tout doit sommeiller ;
	Monsieur, pourquoi }
	L'amour le fait } veiller.

CÉLESTIN, *bas, à M. de Moranges.*

Votre épouse aurait-elle…?

M. DE MORANGES.

Portez-lui du secours.

CÉLESTIN.

Comptez sur notre zèle.

M. DE MORANGES, *à part.*

Manteau maudit !

CÉLESTIN, *voulant entrer dans le pavillon de droite,*
J'y cours.

M. DE MORANGES, *lui ouvrant le pavillon de gauche.*
Là.

CÉLESTIN.

Chez moi votre femme ?

(*Il regarde.*)   Mais je jure qu'ici
Je ne vois pas Madame.

M. DE MORANGES, *à la porte.*
Paraissez ?

CAROLINE, *sortant du pavillon de droite.*
Me voici.

M. DE MORANGES, *l'apercevant.*
Est-ce un songe trompeur
Qui vient troubler mon cœur ?

CAROLINE ET CÉLESTIN.

Ensemble. {

La fureur
Dans son cœur,
Fait place à la douceur.
Quand tout doit sommeiller,
Ici pourquoi veiller ?

M. DE MORANGES.

Mais j'ai vu…

CÉLESTIN.

C'est un conte.
Vos yeux se sont mépris.
(*Bas à Germain.*) Il n'a pas pour son compte
Ce qu'ont bien des maris.

CAROLINE.

Viens mon ami.

M. DE MORANGES, *lui donnant la main.*

Ma chère.

(*Bas à Célestin, lui offrant une bourse.*)
Silence ! et pour raison.

CÉLESTIN, *à part.*

Il me paie en bon frère
La première leçon.

M. DE MORANGES.

C'est un songe trompeur
Qui vient troubler son cœur.

CAROLINE ET CÉLESTIN.

ENSEMBLE.

La fureur
Dans son cœur
Fait place à la douceur.
Quand tout doit sommeiller,
Il ne faut plus veiller.

(*Tout le monde se retire. M. de Moranges entre avec Caroline dans le
pavillon de droite.*)

FIN DE LA PREMIÈRE PARTIE.

DEUXIÈME PARTIE.

*Le Théâtre représente une riche galerie à jour ; le fond est fermé
par une grille, et laisse voir un jardin.*

SCÈNE PREMIÈRE.

CAROLINE, seul.

Comme la scène d'hier soir l'a rendu triste et soucieux... Il
n'ose me parler, et cependant je vois qu'il en meurt d'envie. Ah ?
monsieur de Moranges, vous doutez de ma constance, et vous
voulez qu'on me surveille, c'est une manière nouvelle de prouver son
estime et son amour ; mais grâce à l'arrivée de Célestin, à sa ma-
lice, à la mienne, vous apprendrez ce qu'on gagne à se méfier des
femmes qui ne sont jamais plus maîtresses, que lorsqu'elles pa-
raissent vous abandonner le pouvoir.

Air : *Ah! laisse-moi déraisonner.*

Par indulgence et par amour,
Nous gâtons nos maris , Mesdames ;
Je vengerai l'honneur des femmes,
Et veux commander à mon tour.
Oui , je prétends (*bis*) commander à mon tour
Je veux commander à mon tour.   (*Bis*)

Pour un jaloux le bien suprême,
Est d'affliger celle qu'il aime ;
Par des soupçons, par des fureurs ,
Il fait souvent couler nos pleurs.
Il tourmente , agissons de même ,
Pour les maris , plus de douceur ;
Rendons-leur noirceur pour noirceur.
   Par indulgence , etc.

Mais en vain le courroux m'excite,
Je fléchirai dès aujourd'hui ;
Car moins un époux le mérite ,
Plus on a de bontés pour lui.
Mon cœur, je le sens aujourd'hui,
   Deviendra son appui.
Non, non, je ne veux pas céder,
Tant d'amour n'est pas nécessaire ;
A son mari faire la guerre ,
Vaut le plaisir de commander ;
Et je prétends (*bis*) finir par commander.
Je finirai par commander.   (*Bis.*)

SCENE II.

CAROLINE, M. DE MORANGES.

M. DE MORANGES.

Caroline !

CAROLINE.

Ah! vous voilà, monsieur ; est-ce encore un nouveau soupçon
qui vous conduit près de moi ?

M. DE MORANGES.

Que tu es injuste, ma bonne amie ! j'ai des torts, cela peut-
être ; mais toi ?

CAROLINE.

Amour, indulgence et faiblesse , voilà les miens !

M. DE MORANGES.

Tout le monde eut été coupable ainsi que moi. Ton manteau
qui me reste dans la main , ta voix qu'il me semble reconnaître,
ce baiser donné et reçu, à qui et par qui ; je l'ignore, il est vrai,
mais je l'ai entendu très-distinctement, et tout cela n'est pas
comme tu voudrais me le persuader, l'effet d'une imagination en
délire ; enfin, Caroline, voilà bien ton manteau , je ne veux pas
qu'il me quitte, il ne me quittera jamais ; je l'ai saisi sur les épaules
de la dame au baiser ; le bruit de ce baiser résonne encore à

mon oreille, mon cœur en est déchiré ; et l'on me dit avec tranquillité, vous perdez la raison ; oui, je la perds, mais c'est d'amour pour toi. Et d'ailleurs quelles idées ne seraient pas renversées par mon aventure de cette nuit ? Te présumant coupable, en tremblant je t'en fais l'aveu ; tour-à-tour agité par la crainte, le désespoir et la fureur, certain de tenir sous la clé dans le pavillon occupé par Jolicœur, celle dont l'inconstance ne me paraissait plus un doute, j'appelle, on accourt, et toi que mes yeux croyaient avoir reconnue, je te vois arriver du côté opposé où j'avais enfermé la ressemblance, me demandant quelle cause me force à m'éloigner de notre appartement ? A cette question mes pensées se croisent, se détruisent l'une par l'autre ; incapable de te répondre, je suis tes pas dans un trouble profond ; et quand je te raconte cet évènement incroyable, tu ris de mes tourmens au lieu de me plaindre ; tu attribues à la jalousie les maux réels que j'éprouve, tu veux enfin que je sois coupable quand je ne suis que malheureux ; c'est de l'exigeance, de l'ingratitude, de la tyrannie ; vous ne connaissez rien à la tendresse, Mesdames ; fières de vos avantages, c'est en esclaves que vous voulez nous conduire ; nous dictant vos lois en despotes, votre bonheur est de nous voir à vos pieds : vous savez nous trahir autant que vous savez nous plaire, mais vous ne savez pas aimer.

CAROLINE.

Ah ! Monsieur, qu'osez-vous dire ?

AIR du Secret.

La femme ne sait pas aimer ?
En amour quel fut votre maître ?
Ce feu, qui doit vous consumer,
L'allumons-nous sans le connaître ?
Pour aimer, recevant le jour,
Nous brûlons d'une flamme pure :
Et la femme appelle l'amour,
Le bienfaiteur de la nature.

M. DE MORANGES.

Caroline, un mot, et qu'il n'en soit jamais parlé. Cette nuit.... ce manteau, cette conversation, ce baiser, cette femme enfermée par moi-même, et qui devint introuvable. Tu es bien certaine que ce n'était pas toi ?

CAROLINE.

Comme vos craintes mériteraient d'être changées en certitude ! Non, monsieur, non, la personne que vous avez dépouillée de mon manteau, n'était pas votre épouse.

M. DE MORANGES.

Et tu ne la connais pas ?

CAROLINE.

J'ai répondu à votre question, dans l'espérance que vous ne m'en feriez point d'autres.

M. DE MORANGES.

Soit ; je me tairai, je cesserai de soupçonner... mais que je

n'entende plus cette voix qui a porté la mort dans mon âme ! je
ne t'accuserai plus d'aimer un autre que moi, car jamais tu ne
me donneras l'occasion de le craindre ; n'est-il pas vrai Caroline ?
Mais morbleu, que je découvre celui qui s'est introduit dans ma
demeure, et qu'une femme paraît profondément occuper ; que
j'apprenne le nom de celle qui, d'intelligence avec lui, trompe
peut-être une mère, des parens, un époux plein de confiance
dans ses vertus ; que je le découvre, et quel qu'il soit, je deviens
son implacable ennemi. La honte dont il veut couvrir les autres,
ne me regarde pas, d'accord ; mais entre hommes, on doit se porter
un mutuel secours, notre intérêt le commande. Tremblez-donc,
messieurs les étourdis, qui vous faites un jeu de l'honneur des
femmes et des tourmens des maris, tremblez, je suis jeune encore,
j'ai de la force, de l'adresse ; on n'a pas besoin d'être militaire pour
avoir du courage, et l'on peut vous tuer pour vous apprendre à
vivre, bien qu'on ne soit qu'un médecin.

CAROLINE.

Raison de plus, au contraire.

M. DE MORANGES.

Au surplus, Caroline, j'ai tort de m'emporter ainsi devant toi,
aujourd'hui surtout que tes moindres désirs seront des ordres
pour moi. Ce soir, bal, concert, spectacle ; ce matin, répétition ; tu
vois, notre théâtre est préparé ; Jolicœur a transmis mes ordres. Ce
jeune garçon me plaît infiniment, c'est un cadeau que l'on m'a
fait, et j'en remercierai l'ami qui le protége. Mais l'heure de vi-
siter mes malades est arrivée, je m'éloigne. Je crois à ta tendresse :
ton âme, exempte de détours, est incapable de me tromper
jamais... Si pourtant... Malheur à qui me trahirait.

*(Il s'éloigne par la grille ; Célestin l'observe, et s'avance dès qu'il a
disparu.)*

SCÈNE III.

CAROLINE, CELESTIN.

CÉLESTIN.

Caroline ? Eh ! bien, notre jaloux ?

CAROLINE.

Ne soupçonne plus, dit-il, et menace ceux qui voudraient me
plaire.

CÉLESTIN.

Pas de faiblesse au moins. Une femme, pour être complètement
heureuse, doit amener son époux au point de tout voir, tout entendre, et de douter encore du témoignage de ses yeux et de ses
oreilles.

CAROLINE.

Au lieu de me dire des folies, songe bien plutôt, mon frère,
que tu m'as promis ton secours.

CÉLESTIN.

Je ne l'oublierai pas, et M. de Moranges sera aujourd'hui telle-

ment tourmenté, que demain nous le verrons tel que tu le désires,
et tel que je le veux; aimable, généreux, te chérissant de même,
ne t'accusant plus, et d'une confiance sans bornes; tel enfin que
je serai moi-même lorsque ton mari, dénouant les cordons de sa
bourse, m'aura uni à ma chère Thélésis.

CAROLINE.

Thélésis, devenir ma belle-sœur, quelle idée !

CÉLESTIN.

Cette idée est bonne, elle réussira. Qui va vîte va bien, dit un
vieux proverbe. Dispose tout pour mon mariage.

CAROLINE.

Un enfant en épouser un autre.

CÉLESTIN.

Ça fera deux, et le troisième viendra.

CAROLINE.

Mais Thélésis ignore nos usages, notre langue...

CÉLESTIN.

Tant mieux, je l'instruirai.

AIR : *du Vaudeville de Partie et Revanche.*

Alors qu'on se met en ménage,
S'il faut savoir, pas trop ne faut :
Même en esprit, nous dit le sage,
L'excès est toujours un défaut.
En épousant fille innocente,
La paix est toujours de saison ;
Mais s'unir à femme savante,
C'est mettre un diable à la maison.

CAROLINE.

Elle vient de ce côté.

CÉLESTIN

Attraction sympathique.

CAROLINE.

Dona Barba la suit.

CÉLESTIN.

La vieille en rubans roses?

CAROLINE.

Elle veut que mon époux lui rende sa fraîcheur.

CÉLESTIN.

Elle le croit donc sorcier.

CAROLINE.

De plus, comme elle ne comprend pas le français, elle s'ima-
gine qu'ainsi qu'au temps jadis, tout ce qu'on lui dit est une ga-
lanterie.

CÉLESTIN.

Ce doit être plaisant.

SCENE IV.

CAROLINE, CELESTIN, DONA BARBA, THELESIS.

(*Dona Barba et Thélésis arrivent en se disputant un bouquet de roses;
à la vue de Célestin, elles le prennent pour juge de leurs différends.*)

CÉLESTIN.

Un bouton demande à fleurir. (*Il en offre un à Thélésis.*) Rose éffeuillée mourra bientôt. (*Il en donne une à Dona Barba qui lui fait une profonde révérence.*) Vois donc ses révérences, Caroline, comme au temps du roi Dagobert.

CAROLINE.

Le passé n'est plus le présent.

CÉLESTIN.

Et l'avenir, ce sera bien pis.

CAROLINE.

A qui le dis-tu?

AIR : *Du Vaudeville des Limites.*

De ses yeux, le feu surprenait.

CÉLESTIN.

Aujourd'hui ce feu là me gèle.

CAROLINE.

La tête auprès d'elle tournait.

CÉLESTIN , *regardant d'un autre côté.*

On la tourne encore auprès d'elle.

CAROLINE.

Nulle femme enfin ne pouvait
Lui contester un air céleste.

CÉLESTIN, *en saluant Dona Barba.*

Je ne sais pas ce qu'elle avait,
Mais je vois bien ce qui lui reste.

(*Dona Barba lui fait un profond salut, en paraissant le remercier.*)

CAROLINE.

Je te le disais bien.

CÉLESTIN.

Si elle prend cela pour un compliment! Vive ma petite Thélésis , pour me comprendre et me répondre.

(*Célestin prend la main de Thélésis, et la baise, tandis que Thélésis place sur son cœur celle de Célestin.*)

CAROLINE, montrant Thélésis.

Et tu crois qu'un jour, malgré son immense fortune, Narsès, son frère...

CÉLESTIN.

Me nommera le sien. Il me doit la vie, son estime m'est acquise, et quand j'aurai vingt ans et qu'il connaîtra mon amour; un marin, vois-tu ma sœur, c'est capable de tout.

AIR : *d'Anacréon.*

Sous mon heureuse étoile,
Le bonheur par la main;
Du vaisseau de l'hymen,
L'espoir enfle la voile.
Si les plaisirs légers,
Me voyant vent en poupe,
Eloignent de ma troupe
Tous les dangers;

L'amour guidant ma flotte,
Loin d'un écueil trompeur,
Deviendra mon pilote,
Pour aborder son jeune cœur.

CAROLINE.

Je me retire, il faut que j'aille essayer le costume du rôle que je vais répéter, et qu'ensuite je veille aux désirs de nos pensionnaires; car depuis sa funeste jalousie, M. de Moranges oublie tant de choses....

CÉLESTIN.

Je suis là pour le rendre sage.

CAROLINE.

Adieu, de la prudence.

CÉLESTIN.

Et de l'amour. (*Il l'embrasse.*) Rends ce baiser à Thélésis.

(*Caroline, Dona Barba et Thélésis se retirent. Germain qui est entré vers la fin de la scène, a vu Célestin embrasser Caroline; furieux, il s'avance la canne à la main.*)

SCENE VIII.

CELESTIN, GERMAIN, il est en chemise et la tête nue ; il pose sur un fauteuil sa veste et son chapeau.

CÉLESTIN, à part.

Le vieux paralytique m'aurait-il aperçu? maudite imprudence.

(*Germain reproche à Célestin sa conduite à l'égard de Caroline, et le menace de sa canne.*)

CÉLESTIN.

Que voulez-vous, monsieur Germain, à mon âge, on s'enflamme si vite ; mais c'est fini, désormais, je serai plus réservé.

(*Germain lui dit qu'il faut sortir de la maison.*)

CÉLESTIN.

Quitter cette maison ? j'y suis trop bien pour la fuir, et je veux y rester.

(*M. de Moranges vous en chassera, lui répond Germain.*)

CÉLESTIN.

M. de Moranges n'en saura rien, à moins que vous, mon bon Germain, n'ayez juré de me perdre.

(*C'est positivement ce que je veux faire, réplique Germain.*)

CÉLESTIN, à part.

Il le ferait comme il le dit. Payons d'audace. (*haut.*) Seul tu m'as vu, et tu croirais que tes rapports....? Comment t'y prendre pour démontrer la vérité? Je nierai tout, et te ferai chasser, car, la preuve de ton intempérance, existe dans tes bouteilles où le vin n'est plus naturel. Allons, Germain, allons, indulgence réciproque, passe-moi l'amour, je te passerai l'ivresse.

Le Jaloux.

4

Air *du Vaudeville du Juif.*

Verse , verse ,
Moi je renverse ,
Tout est vain
Sans amour , sans vin ;
La franchise
A pris pour devise :
Nul beau jour
Sans vin , sans amour !

Quand tu vuideras vieux flacon ,
Quand je verrai jeune tendron ;
Tes regards peindront l'allégresse ,
Les miens la tendresse ;
Une double ivresse
Fera le bonheur
De l'amant, du buveur.

Verse , verse , etc. , etc.

Si Bacchus te fait trébucher ,
Vénus en avant fait marcher.
Tu t'endors près de la bouteille ,
Et moi je m'éveille
Lorsqu'à mon oreille
J'entends la beauté
Chanter la volupté.

Verse , verse ,
Moi je renverse ,
Tout est vain
Sans amour , sans vin ;
La franchise
A pris pour devise :
Nul beau jour
Sans vin , sans amour.

(*Germain dit à Célestin que rien ne peut l'engager à garder le silence ,
et que M. de Moranges sera instruit.*)

CÉLESTIN.

Ah ! tu me déclares la guerre ? eh bien , nous verrons.
(*Germain laisse sa veste et son chapeau , et sort en menaçant Célestin.*)

SCÈNE VI.

CÉLESTIN , seul.

Me voilà dans un bel embarras ? Cette pauvre sœur que je voulais servir , et dont, par mon étourderie , j'aggrave la position ! Monsieur de Moranges sera furieux... et Thélésis que je ne verrai plus.. Quoi, je souffrirais que ce vieil imbécile m'arrêtât dans mes projets ? il y aurait de la lâcheté ; feu de tribord et de bas bord, Célestin, fais tête à l'orage et soutiens la réputation de mauvaise tête et d'homme d'esprit.

M. DE MORANGES , en dehors.

Jolicœur ? Germain ?

CÉLESTIN.

C'est mon cher beau-frère , Germain ne l'a point encore vu ;

profitons de cette circonstance, et me servant d'une ruse de comédie, tournons contre cette vieille frégate démâtée, les armes
dont on ose me menacer !... le coup est hardi ! raison de plus pour
qu'il réussisse !... monsieur Germain, vous êtes encore trop novice
pour lutter contre moi, et nous allons voir qui de nous deux sor-
tira.

(Tout en parlant ainsi, Célestin a mis la veste et le chapeau de
Germain.)

M. DE MORANGES, à la grille.

Ah ! voilà Germain. Ouvre-moi, mon ami.

SCÈNE VII.

CELESTIN, M. DE MORANGES, *à la grille.*

CÉLESTIN, à part.

Appelle, appelle. Je tiens le cordon.

M. DE MORANGES.

Germain, m'entends-tu ?

CÉLESTIN, parlant vers la coulisse d'une voix cassée.

Oui, Madame, comptez sur moi.

M. DE MORANGES.

Je ne me trompe pas, on parle ; et cependant je ne vois que
Germain.

CÉLESTIN, à part.

Je vais te servir un plat de mon métier.

M. DE MORANGES.

Écoutons.

CÉLESTIN, d'une voix cassée.

Grâce à ma feinte paralysie.

M. DE MORANGES.

Le coquin abusait-il de ma crédulité ?

CÉLESTIN, de même.

On ne se méfie pas de moi.

M. DE MORANGES.

A merveille ! j'étais sa dupe.

CÉLESTIN, de même.

Et je fais de mon maître tout ce que je veux.

M. DE MORANGES.

Et moi qui m'étonnais de voir sa paralysie résister à mes re-
mèdes.

CÉLESTIN, à part.

Ça va bien. (*haut.*) Il n'a que sa jalousie en tête.

M. DE MORANGES.

L'insolent !

CÉLESTIN, de même.

Et n'appartient plus à ses malades.

M. DE MORANGES.

Le traître !

CÉLESTIN , de même.

Sa maison va Dieu sait comme !

M. DE MORANGES.

Le bourreau !

CÉLESTIN , de même.

Il ne songe plus à ses malades, et c'est lui qui l'est devenu.

M. DE MORANGES.

Fiez-vous donc aux domestiques !

CÉLESTIN.

Air du Vaudeville de l'intérieur de l'Etude.

> Tandis que mon maître est ma dupe,
> Ses malades en guérissant,
> Prouvent que moins d'eux on s'occupe ,
> Plus leurs maux vont en décroissant :
> Ils n'ont plus de tisannes fades,
> Mais fin Bourgogne et Bordeaux vieux ;
> Quand les médecins sont malades ,
> Leurs malades se portent mieux.

M. DE MORANGES.

Misérable ! je t'apprendrai... (Il sonne violemment)

CÉLESTIN, à part.

Maintenant je puis le laisser entrer.

M. DE MORANGES, sonnant toujours.

Le drôle n'est plus muet, mais il est devenu sourd.

CÉLESTIN , profitant du moment où M. de Moranges tourne la tête, jette à terre la veste et le chapeau de Germain, et tire le cordon en disant :

Monsieur Germain, venez quand vous voudrez, je vous ai ménagé une jolie réception.

SCÈNE VIII.

M. DE MORANGES , entrant en scène.

Et je n'écraserais pas le coquin ? Mais à qui parlait-il ? A qui ? à qui ? peu m'importe de le savoir ! c'est-à-dire, il importe à ma tranquillité que je le sache. Je suis donc entouré de traîtres, de perfides ; tout le monde se fait donc un malin plaisir de conspirer contre moi ? Et ce Germain que j'avais la bonhommie de croire dans l'impossibilité d'articuler une parole ; il parle, il parle, et c'est à une femme que s'adressent les satires qu'il débite contre son maître. Il parle !... et madame de Moranges est ici la seule personne qui puisse entendre son langage ! Un complot est formé contre moi, la chose est positive ; j'en découvrirai le fil, je me multiplierai ; Jolicoeur me secondera, et Germain périra sous le bâton. Peut-être m'allarmai-je à tort, peut-être madame de Moranges, tout entière à ses devoirs, ne songe point à me trahir ; cette espérance me soutient encore, elle va me donner la force de redoubler de surveillance ; mais quant à monsieur Germain, il saura comment je me venge. (*Il appelle.*) Caroline? Germain? Jolicœur?

SCÈNE IX.

M. DE MORANGES, CAROLINE (*en Provençale*), GERMAIN, CÉLESTIN, DONA BARBA, NARSÈS, THELESIS, TOUS LES PENSIONNAIRES, LES INFIRMIERS.

AIR *du Carillon de Dunkerque.*

CAROLINE, CÉLESTIN.

Qui peut crier ainsi ?
Qui nous appelle ici ?
Et pour quelle raison
Un tel bruit dans la maison ?

CÉLESTIN.

Faites-le nous connaître.

M. DE MORANGES, *voyant Germain.*

Ah! j'aperçois le traître.

CAROLINE, *bas à Célestin.*

Il n'a plus sa raison.

CÉLESTIN, *bas à Caroline.*

C'est ma seconde leçon.

CAROLINE ET CÉLESTIN.

Quoi, vous criez ainsi?
D'où vient votre souci ?
Et pour quelle raison
Un tel bruit dans la maison ?

CAROLINE.

Qu'avez-vous, mon ami?

M. DE MORANGES.

Ce que j'ai, madame? ce que j'ai? je n'en sais rien encore, et je tremble de le savoir; mais tout s'éclaircira, je vous en avertis.

CAROLINE.

Je le désire.

M. DE MORANGES.

Vous le désirez, Madame? eh bien, soyez satisfaite. (*Il prend Germain au collet.*) Coquin, séducteur, misérable, quelle femme as-tu séduit chez moi? serait ce madame de Moranges?

CAROLINE.

Moi, Monsieur?

M. DE MORANGES.

Tout comme une autre.

CÉLESTIN, à part.

Il est galant.

(*A l'interpellation de M. de Moranges, Germain est tombé dans un vif étonnement.*)

M. DE MORANGES.

Me trompe qui veut? tout va mal chez moi; c'est moi qui suis malade. Une femme t'écoutait, te répondait sans doute;

nomme-là , nomme-là sur l'heure ; quelle est-elle ? je ne pardonne qu'à cette condition.

CAROLINE.

Vous répondre, un muet ?

M. DE MORANGES.

Il parlera, vous dis-je, comme il parlait tout-à-l'heure ici ; il
parle fort bien quand il veut.

CAROLINE.

Vous l'avez enteudu ?

M. DE MORANGES.

Très-distinctement. (*A Germain.*)Vieux fourbe.

(*La surprise de Germain augmente de plus en plus; il indique, que parler
lui est impossible.*)

CÉLESTIN.

Parle donc, puisque Monsieur l'ordonne.

M. DE MORANGES.

Cent coups de canne , s'il persiste à se taire.

CÉLESTIN, bas à Germain.

Tu vois l'effet de tes menaces.

M DE MORANGES.

Et Jolicœur les lui donnera.

(*Germain veut dire à M. de Moranges que Célestin le trahit ; Célestin
s'en aperçoit.*)

CÉLESTIN , bas à Germain.

Un signe et j'en donne mille. (*Haut.*) Monsieur, n'aurait-il
pas le cerveau dérangé. (*Bas à Caroline.*) ne t'étonne de rien,
c'est un tour de ma façon.

M. DE MORANGES, tâtant le pouls de Germain.

Irritation soutenue, nul danger cependant ; la diète et la saignée.
Ah ! je néglige mes malades ? la camisole de force ; mes malades
guérissent sans mon secours ? nous verrons si le drôle guérira. On
boit du Bourgogne au lieu de prendre des tisannes, je te mets à
l'eau. Je n'appartiens plus à mes malades ! les malades au moins
m'appartiennent , et je le prouverai , en te choisissant pour
sujet dans mes opérations chirurgicales... On fait chez moi tout ce
que l'on veut ; qu'on l'enferme s'il ne parle pas.

(*Pendant ce temps, les domestiques aidés de Célestin passent à Germain,
malgré ses efforts, la camisole de force, et on l'entraîne aux derniers
mots prononcés par M. de Moranges.*)

CÉLESTIN , à part.

La victoire est à moi.

M. DE MORANGES.

Bien fin qui m'attrapera.

CÉLESTIN, à part.

Déjà deux fois , la troisième approche.

M. DE MORANGES.

Caroline, ce misérable avait dérangé mes idées.

CAROLINE, à part.

Je m'en suis aperçue. (*Haut.*) Mon ami, comment me trouvez-vous sous ce costume ?

M. DE MORANGES.

Fort bien. A l'entendre, j'abandonnais mes malades, moi qui ne veille que pour eux.

CÉLESTIN, bas à M. de Moranges.

Témoin cette nuit.

M. DE MORANGES', bas à Célestin.

Chut ! (*haut.*) Caroline, cesse de m'en vouloir, et que le bal précède la répétition de notre pantomime.

CÉLESTIN, à part.

C'est où je l'attends. (*Il place une lettre dans la poche de Caroline.*) Nous verrons s'il est corrigé.

M. DE MORANGES,

Je vais te donner l'exemple, et Jolicœur sera mon vis-à-vis.

(*M. de Moranges offre sa main à Thélésis, Narsès à Dona Barba, John à Zanica, Hoang-Pouf à Zaïda, etc., etc.*)

CÉLESTIN, à M. de Moranges.

Madame a reçu une lettre.

M. DE MORANGES.

Qu'oses-tu dire ? je vais...

CÉLESTIN.

Danser ; mais observons. (*à Caroline.*) Si Madame veut me faire cet honneur ?

CAROLINE.

Avec plaisir. (*Elle lui donne la main.*)

AIR : *Du Hussard de Felsheim.*

CAROLINE ET CÉLESTIN.

A danser,
A walser,
Passons notre vie ;
C'est par la gaîté,
Qu'on soutient la santé.
Qu'aujourd'hui,
Fuir l'ennui,
De tous soit l'envie ;
Présent, lorsqu'on rit,
Le plaisir nous guérit.   (*On danse.*)

CAROLINE, à Célestin.

Des peuples divers tu vois l'assemblage,
Imiter la France est leur vieil usage,
D'un accord parfait tous suivent le chemin.

CÉLESTIN.

Et le monde, un jour, plus calme et plus humain,
Partout comme ici se donnera la main.

CAROLINE.

Le grand rond.

CAROLINE ET CÉLESTIN.

A danser, etc.

(32)

CÉLESTIN, *à Caroline.*
Je vois tes chagrins ; CHASSEZ, mais sois femme,
Et pour pardonner, BALANCEZ, Madame.
(*Il traverse et dit à M. de Moranges :*)
Avec un rival, CROISEZ VIVEMENT ;
Soyez, DOS A DOS, mais toujours amant,
Près de la beauté répétez EN AVANT.
(*On exécute tout ce que dit Célestin.*)

CAROLINE ET CÉLESTIN.
A danser, etc.
(*Pendant toute la danse, M. de Moranges a suivi des yeux Caroline.*)

M. DE MORANGES.
Jolicœur, cette lettre, où est-elle ?

CÉLESTIN.
Dans la poche de son tablier.

M. DE MORANGES.
Je la lirai.

CÉLESTIN, *à part.*
C'est mon intention.

CAROLINE.
Maintenant à la pantomime.

CÉLESTIN, prenant un manuscrit.
Relisons le sujet. (*A part.*) Il est de ma façon. (*Il lit.*) Lucette,
jeune provençale.

CAROLINE.
Lucette ? c'est moi.

CÉLESTIN, lisant.
Est la pupille de Simon, riche fermier, qui veut l'épouser malgré elle.

M. DE MORANGES.
Ce rôle m'appartenait, et je le remplirai.

CÉLESTIN.
A merveille (*bas.*) C'est un jaloux. (*Haut.*) Lucette aime
André.

M. DE MORANGES.
Narsès le représentera. (*à part.*) Caroline a peur de ses mous-
taches et de son poignard ; je ne crains pas qu'il lui plaise en jouant
l'amour auprès d'elle.

CÉLESTIN, lisant le programme de la pantomime.
Au lever du rideau, Lucette arrive avec ses compagnes ; elle
est triste, rêveuse. André paraît, la joie brille dans les yeux de
Lucette, dont c'est la fête. Simon, suivi des villageois, lui apporte
des bouquets et l'embrasse ; On danse. Lucette prend part à ces
jeux, et dansera avec moi, si Monsieur veut bien le permettre.
Simon s'endort, André en profite, nous verrons la suite. Allons,
à nos rôles, et du talent s'il est possible. Vite au changement,
monsieur le machiniste.

Le théâtre change et représente une campagne.

CAROLINE.
Place au théâtre.

M. DE MORANGES.

C'est cela. (*à l'orchestre.*) Vous, de suite après l'ouverture.
(*à part.*) Ayons toujours les yeux sur elle.

PANTOMIME.

(*Lucette se plaint à ses compagnes de l'amour de Simon, son tuteur,
qui veut la contraindre à l'épouser. Elle leur avoue qu'elle aime André ;
celui-ci qui est caché parmi les villageoises, se jette à ses pieds, en
exprimant son bonheur. Simon arrive, précédant de nombreux paysans
qui viennent célébrer la fête de Lucette et lui offrir des bouquets, qu'elle
accepte. Simon la fait asseoir sur un banc à gauche, et les villageois
commencent à danser.*)

BALLET.

M. DE MORANGES, à part.

Si je pouvais pendant la danse.... essayons. (*Il prend la lettre
dans la poche de Caroline.*) Bien, la voilà !

CÉLESTIN, qui le guette, à part.

Il la tient.

M. DE MORANGES, bas.

Elle est ouverte.

CÉLESTIN, à part.

Je l'avais exprès décachetée.

CAROLINE, à M. de Moranges.

Mon ami, voici l'instant où il faut vous endormir.

M. DE MORANGES.

Moi, Madame, m'endormir en ce moment ?

CAROLINE, lui présentant le programme.

C'est votre rôle ; tenez, lisez plutôt. Pendant le ballet, Simon
s'endort.

CÉLESTIN, bas à M. de Moranges

Feignez de dormir, je veille pour vous.

SUITE DE LA PANTOMIME.

(*Lucette examine Simon qui paraît sommeiller. Certaine de ne pas se
tromper, elle rassemble ses compagnes et donne sa main à André.*)

M. DE MORANGES, à part.

La perfide ! comme elle me trompait.

CAROLINE.

A la ronde, mes amis.

AIR : *Enfans de la Provence.*

Chez un argus sévère
La peur vient nous saisir,
Près de qui sait nous plaire
Le cœur bat de plaisir.
Tuteurs fâcheux,
Fermez les yeux,
Quand vous dormez on est heureux,
Dormez-vous, on est heureux.
Si l'heureuse folie,
Et l'aimable saillie,
En tous lieux sont vainqueurs ;
L'amour rallie
Les jeunes cœurs.

(34)

Eh ! gai , gai , gai , (*bis.*) il n'est pas de beaux jours
      Sans le secours   (*bis.*)
  Des ris et des amours ,
      Chantons toujours   (*bis.*)
  Les ris et les amours.

                              (*On danse.*)
  Chez un argus sévère , etc. , etc.

M. DE MORANGES, pendant ce couplet a ouvert la lettre, et lit :
« Ton mari est trop crédule. » (*il parle.*) On ose tutoyer ma
femme. (*il lit.*) « C'est conscience de le tromper. » (*Il parle.*)
L'insolent.

CÉLESTIN , à part.

Il enrage. (*Haut.*) Au second couplet.

CAROLINE.

  Souvent le mariage
  Devient un esclavage ,
  Quand pour un tendre époux ,
    On nous engage
    Mari jaloux.
Eh ! non, non, non , (*bis.*) il n'est plus de beaux jours
    Pour qui toujours   (*bis.*)
  Fait la guerre aux amours.
    A mon secours ,   (*bis.*)
  Vole Dieu des amours.
  Chez un argus sévère ,
  La peur vient me saisir ;
  Près de qui sait me plaire
  Le cœur bat de plaisir.
    Tuteurs fâcheux ,
    Fermez les yeux.
Quand vous dormez on est heureux ,
    Dormez vous ?

M. DE MORANGES, l'interrompant.

Non, Madame , non , je ne dormirai plus. (*à l'orchestre.*)
Arrêtez-vous.

CAROLINE.

Eh ! mon ami , vous n'y êtes pas. Attendez encore.

M. DE MORANGES.

Assez et trop long-temps je crus à vos sermens ; le voile est déchiré ; j'y vois clair maintenant.

CAROLINE.

Et d'où vient cette nouvelle folie ?

M. DE MORANGES.

Une folie , dites-vous , une folie, lorsqu'il s'agit de mon repos,
de ma tranquillité ? une folie ! et cette lettre qui vous est adressée,
cette lettre, sans signature il est vrai, mais dont sans doute vos
regards ont dévoré le contenu ; cette lettre où l'on plaisante de
ma crédulité , est-ce encore ce que dans votre langage aussi faux
que perfide, vous nommez une folie ?

CAROLINE.

Une lettre que j'ai lue ?

M. DE MORANGES.

La voilà. L'écriture au moins vous en est connue.

CAROLINE, regardant.

Elle est de Célestin, de mon frère ; mais j'ignore...

M. DE MORANGES.

De votre frère ! (*A part.*) Si elle disait vrai. (*Haut*) Et vous ignorez? (*à part.*) les femmes ignorent toujours ce qu'on leur demande ! (*haut.*) Votre frère? il est donc ici, malgré ma défense? quels conseils il vous donnerait ! un étourdi, un mauvais sujet; vous ne le verrez plus, et pour en être plus certain, Jolicœur, vous ne quitterez point madame de Moranges.

CÉLESTIN, à part.

Il a bien choisi le moyen.

M. DE MORANGES.

Caroline, vous me deviez votre bonheur : j'attendais de la reconnaissance, n'osant espérer de l'amour, et vous faites mon tourment ! Tout mon désir était de vous plaire, le vôtre est de déchirer mon cœur ! Caroline, Caroline, si le mal que j'endure ajoute à votre félicité, qu'elle soit pleinement satisfaite, je suis bien malheureux.

CAROLINE, bas à Célestin.

Il souffre, mon frère, et je vais ..

CÉLESTIN.

Silence, du calme, de la froideur, notre jaloux reprendra sa raison.

(*M. de Moranges, la main sur les yeux est en proie au plus violent chagrin. Tous les pensionnaires étonnés, se communiquent entr'eux leurs divers sentimens. Célestin examine M. de Moranges et retient Caroline. Tableau, la toile tombe.*

FIN DE LA DEUXIÈME PARTIE.

TROISIÈME PARTIE.

Le Théâtre représente un riche cabinet, deux portes de chaque côté; au fond, une porte et deux fenêtres ouvrant sur le jardin, une table couverte d'un tapis, un fauteuil de bureau, etc. , etc.

SCÈNE PREMIÈRE.

CÉLESTIN, CAROLINE.

CÉLESTIN.

Sois tranquille, Caroline, je réponds de tout; mon beaufrère s'avouera coupable et te rendra sa confiance.

AIR : *Vaudeville de folie et raison*

Qu'un heureux artifice
Trompe encor ton époux,
Et nous ferons justice
De ses transports jaloux.

CAROLINE.

A son cœur, si tu rends le calme,
Notre bonheur fera le tien.

CÉLESTIN.

Mon front s'ornera d'une palme,
Et le sien ne craindra plus rien.

ENSEMBLE.

Qu'un heureux artifice
Trompe encor ton époux;
Et nous ferons justice
De ses transports jaloux.

CÉLESTIN.

Je crois l'entendre ; retire-toi, et attendons son départ pour reprendre notre entretien.

CAROLINE, *entrant à gauche.*

Adieu.

CÉLESTIN.

Courons dresser nos dernières batteries.

(*Il sort par le fond.*)

SCÈNE II.

M. DE MORANGES, *entrant par la droite.*

Quelqu'un était ici ! j'ai entendu parler, est-ce encore une erreur ? (*Il regarde dans la chambre de Caroline.*) Elle est seule, elle lit, je me suis trompé. Caroline, ingrate et toujours chère Caroline, si tu savais les maux que j'endure, si mes peines ranimaient ta tendresse... ? Elle est là, là, et je ne suis pas auprès d'elle, et sa douce voix ne vient plus frapper mon oreille ? le bonheur m'a fui pour toujours ; la douleur et la honte, voilà ce qui me reste... ! Mariez-vous donc, jeunes gens qui ne doutez de rien, mariez-vous, et sur votre front ainsi que sur le mien, chacun lira, ou croira lire, l'histoire commune à tous les maris; vous deviendrez la fable de la ville, le sujet obligé des chansons, le but malin des épigrammes... et je le souffrirais ?.. Non, non, ma résolution est inébranlable ; je céderai mon établissement, je quitterai Paris, la France, je quitterais le monde... mais la perfide, pourrai-je jamais la bannir de ma pensée ? Et son frère, ce jeune Célestin, qui me traite d'un ton si cavalier, dont la lettre a porté dans mon âme la plus terrible conviction, parviendrai je à le découvrir ? Ah ! Caroline, Caroline !

SCÈNE III.

M. DE MORANGES, CAROLINE, *qu'on ne voit pas.*

CAROLINE.

Est-ce toi, Célestin ?

M. DE MORANGES, *à part.*

Elle appelle, elle nomme son frère ! pourrait-elle nier à présent qu'il est ici ! qu'il est dans la maison? en répondant pour lui, essayons de savoir. (*Haut.*) Caroline, que me veux-tu ?

CAROLINE.

Célestin, est-il parti ?

M. DE MORANGES, contrefaisant sa voix.

Oui.

CAROLINE.

Puis-je entrer ?

M. DE MORANGES, de même.

Non.

CAROLINE.

Est-il toujours en colère ?

M DE MORANGES, de même.

Qui ?

CAROLINE.

Mon époux ?

M. DE MORANGES, de même.

Assurément.

CAROLINE.

Comme il sera heureux ?

M. DE MORANGES, de même.

Heureux !

CAROLINE.

Lorsqu'il saura que tout ce qui lui est arrivé depuis hier , est une ruse inventée par toi, pour le guérir de sa jalousie.

M. DE MORANGES, à part.

Se pourrait-il ?

CAROLINE.

Et ce pauvre Germain qu'il voulait faire parler , quand c'était toi...

M. DE MORANGES.

Qui parlait pour lui.

CAROLINE.

Justement.

M. DE MORANGES, à part.

C'est donc un démon que mon beau-frère.

CAROLINE.

Mon ami, je t'en conjure , emploie tous les moyens pour corriger un époux que j'adore.

M. DE MORANGES, à part.

Elle m'aime toujours.

CAROLINE.

Et je te servirai auprès de ta chère Thélésis.

M. DE MORANGES, à part.

Thélésis ?

CAROLINE.

Tu ne réponds rien ? es-tu sorti ? vient-on encore nous interrompre ?

M. DE MORANGES.

Oui.

CAROLINE.

Silence.

M. DE MORANGES.

Son cœur m'appartient encore, et c'était pour me corriger... De quel poids me voilà soulagé, et qu'il me tarde de tomber à ses genoux! mais ce Célestin, où le prendre? il est chez moi, comment a-t-il pu s'introduire. Cruel envers lui, je l'accusais de me trahir, quand il ne s'occupait que de ma félicité ! que j'ai de torts à réparer ! n'importe, Célestin aime Thélésis, dit Caroline ; cette découverte me donnera les moyens de percer le mystère dont il s'enveloppe, et de me venger gaîment, en lui apprenant à connaître à son tour les tourmens de la jalousie. Ne perdons pas un instant, examinons mes pensionnaires; il est sans doute parmi eux, et bientôt aidé de Jolicœur...

SCÈNE IV.

M. DE MORANGES, CÉLESTIN.

CÉLESTIN.

Me voila, toujours prêt à vous servir.

M. DE MORANGES.

Je t'attendais avec impatience.

CÉLESTIN.

Et j'arrive, ainsi qu'un bon génie, qui vous rendra le repos et la tranquillité.

AIR : *De l'Artiste.*

Votre passé, mon maître,
Fut à l'infinitif;
Passif, pour vouloir être
En tous lieux trop actif.
Jaloux, pour savoir faire
Le présent, imparfait,
Votre futur j'espère
Sera plus-que-parfait.

M. DE MORANGES.

J'en suis sûr maintenant.

CÉLESTIN.

Bah !

M. DE MORANGES.

D'où naît la surprise ?

CÉLESTIN.

Qui cause votre joie ?

M. DE MORANGES.

Une explication délicieuse.

CÉLESTIN.

Un changement si prompt...

M. DE MORANGES.

Je ne suis plus jaloux.

CÉLESTIN.

Jouons-nous la comédie ?

M. DE MORANGES.

Je deviens amoureux.

CÉLESTIN.

De votre femme ?

M. DE MORANGES.

Eh ! non.

CELESTIN.

Mettez-moi donc au fait.

M. DE MORANGES.

Tu sauras tout.

CÉLESTIN.

Parlez.

M. DE MORANGES.

La jeune Thélésis !...

CÉLESTIN, à part.

Où veut-il en venir ?

M. DE MORANGES.

La connais-tu ?

CÉLESTIN.

Sans doute.

M. DE MORANGES.

C'est l'objet de ma flamme.

CÉLESTIN.

Qu'avez-vous dit ?

M. DE MORANGES.

Et je veux qu'on m'adore.

CÉLESTIN.

Mais, monsieur, s'il vous plaît...

M. DE MORANGES.

C'est un plan arrêté.

CÉLESTIN, à part.

Le coup m'a porté là.

M. DE MORANGES.

Qu'as-tu, Jolicœur ?

CÉLESTIN.

Rien. (à part.) J'étouffe.

M. DE MORANGES.

Ma confidence te chagrine ?

CÉLESTIN.

Au contraire.

M. DE MORANGES, à part.

Son embarras redouble.

CÉLESTIN, à part.

La retrouver et la perdre.

M. DE MORANGES, à part.

Quel en est le motif ?

CÉLESTIN, à part.

Je n'y survivrai pas.

M. DE MORANGES, à part.

Serait-ce mon étourdi ?

CÉLESTIN.

Songez donc que Madame...

M. DE MORANGES.

Ne vaut pas Thélésis.

CÉLESTIN.

Et qu'un homme marié...

M. DE MORANGES.

Peut aimer toutes les femmes.

CÉLESTIN.

Ç'est un abus.

M. DE MORANGES.

Un droit.

CÉLESTIN.

Et Thélésis ?

M. DE MORANGES.

M'aime déjà.

CÉLESTIN.

O ciel !

M. DE MORANGES, à part.

C'est lui.

CÉLESTIN.

On vous trompe.

M. DE MORANGES.

Impossible.

CÉLESTIN.

Ou l'on vous trompera.

M. DE MORANGES.

J'ai de trop bons yeux.

CÉLESTIN.

C'est l'étoile des hommes d'être toujours les dupes.

M. DE MORANGES.

Tu parles avec un feu.

CÉLESTIN.

Je soutiens notre corps.

M. DE MORANGES.

Ton zèle me ravit.

CÉLESTIN.

Et si toutes les femmes étaient devant moi , je dirais à chacune d'elles.

AIR : *De la Soirée orageuse.*

Menteuse, boudeuse,
Querelleuse et trompeuse ;
Trait pour trait,
Voilà votre portrait.
Quand l'amour nous pique,
Votre étude unique,
C'est d'avoir
En vos mains le pouvoir.
Lorsque la mode assure vos conquêtes.
Vous prétendez que nous suivions ses pas ;
Coquettes, parfaites,
Allez à vos toilettes,
Nos têtes (*bis*) ne vous regardent pas.

M. DE MORANGES.

Tu prends la chose trop sérieusement, Jolicœur ; imitons les femmes, changeons comme elles, que l'homme d'aujourd'hui ne soit jamais celui d'hier, ni celui de demain ; une femme nous trompe, trompons en mille. Bien fou qui croit à la constance, plus fou celui qui l'érige en devoir. Hier la jalousie me tournait la tête, l'amour me transporte aujourd'hui, demain peut-être ce sera la gloire ou l'étude. Germain, ce serviteur que je croyais fidèle, et dont la tête est dérangée, comme tu m'en as fait apercevoir, a trompé ma crédulité, je le lui pardonne. Célestin, un frère de madame de Moranges, s'est introduit furtivement chez moi, eh ! bien, qu'il voie sa sœur, qu'il lui donne de mauvais conseils, je m'en soucie fort peu ; que ma femme oublie ses devoirs, peu m'importe, je fermerai les yeux sur sa conduite, pourvu qu'elle n'improuve point la mienne. L'inconstance, Jolicœur, l'inconstance, c'est le charme de la vie, le plaisir universel. Je vole à Thélésis. (*A part.*) Laissons lui le champ libre. (*Haut.*) Et vais soupirer près d'elle. (*A part.*) Courons délivrer Germain. (*Haut.*) L'audace mène à tout. (*A part.*) Observons-les tous deux. (*Il sort.*)

SCÈNE V.

CELESTIN.

Je ne le reconnais plus, et je croyais en l'écoutant qu'instruit de ma flamme pour Thélésis, il prenait un malin plaisir à me parler de son amour et de ses espérances. Ah ! monsieur de Moranges, non content d'être jaloux de ma sœur, qu'apparemment vous n'aimez plus, vous en voulez au cœur de ma maîtresse, et prétendez la rendre sensible ! Nous verrons, monsieur, nous verrons !.. Que verrai-je ! Thélésis changer comme les autres, trahir ma constance, et rire de mes tourmens. Le feu m'en vient au visage. Serais-je jaloux, par aventure ? jaloux ? non, non... Mais les femmes !.. les femmes !.. Je te connaissais bien mal, sexe enchanteur et maudit, que je hais ! que j'adore ! Heureusement, grâce à toi, voilà mon éducation terminée, et maintenant, Mesdames, puisque tromper est votre bonheur.

AIR : *Je loge au quatrième étage.*

Je veux, pour vous croire fidèles,
Voir changer cailloux en rubis,
Les éléphans avoir des ailes,
Les loups mangés par les brebis ;
La médecine sans rhubarbe,
Les cochers polis et prudens,
Les manchots se faire la barbe,
Et les poules avoir des dents.

Caroline ? Caroline ? entre donc.

SCÈNE VI.

CELESTIN, CAROLINE.

CAROLINE.

Me voilà.

CÉLESTIN.

Ton époux est un monstre.

Le Jaloux.   6

CAROLINE.

Que dis-tu, mon ami?

CÉLESTIN.

Jaloux par vanité, une autre femme reçoit ses hommages, et cette autre, c'est Thélésis.

CAROLINE.

Thélésis? de qui tiens-tu cette nouvelle?

CÉLESTIN.

De ton époux lui-même.

CAROLINE.

Raison de plus pour en douter.

CÉLESTIN.

Comment?

CAROLINE.

Il savait que j'étais là, que je pouvais entendre; il voulait me rendre jalouse. S'il aimait Thélésis, il se garderait bien d'en faire ici l'aveu.

AIR : *Qu'on soit jaloux dans sa jeunesse.*

Si de l'hymen la chaîne aimable
Devient un jour fardeau pesant,
D'un caprice, même excusable,
On ne convient qu'en rougissant;
On charmait, et cessant de plaire,
Aime-t-on ailleurs? en ce cas
Tous les maris savent se taire,
Et les femmes n'en parlent pas.

CÉLESTIN.

Tu me ferais perdre patience ! Thélésis l'aime, te dis-je, Thélésis l'aime, m'entends-tu? faut-il te le répéter?

CAROLINE.

Pauvre Célestin ! la jalousie est un mal qui se gagne; mais rassure-toi, je verrai Thélésis et te servirai auprès d'elle, comme je te l'ai promis.

CÉLESTIN.

Tu m'as promis.

CAROLINE.

Certainement.

CÉLESTIN.

Quand?

CAROLINE.

Tout-à-l'heure.

CÉLESTIN.

Où?

CAROLINE.

Ici.

CÉLESTIN.

Tu perds l'esprit.

CAROLINE.

La tête n'y est plus.

CÉLESTIN

Qu'on est sot quand on aime !

CAROLINE

Plus sot qui n'aime pas.

CÉLESTIN.

Il me faut une explication ; et dès ce soir, déployant le pavillon de guerre, je mets toutes voiles dehors ; j'attaque ton
époux, le provoque, l'accuse, l'écoute et le juge.

CAROLINE.

Je suis sure qu'il n'aime que moi.

AIR : *d'Aristippe.*

Croyant mon époux infidèle,
Et désirant le corriger,
Mon frère, par excès de zèle,
En tribunal veut s'ériger.
Mais l'amour aussi se propose,
D'intervenir à ce débat ;
Mon époux gagnera sa cause,
Car mon cœur est son avocat.

CÉLESTIN.

Défendre un infidèle !

CAROLINE.

Soupçonner sa maîtresse !

CÉLESTIN.

Qui rit de ses pleurs.

CAROLINE.

Qui l'adore peut-être.

CÉLESTIN.

C'est de la folie.

CAROLINE.

C'est une horreur.

CÉLESTIN.

Cela fait pitié.

CAROLINE.

Cela crie vengeance.

CÉLESTIN.

Mais enfin , si Thélésis m'aime , que voulait dire ton mari ?

(44)

CAROLINE.

Ce qu'il voulait dire? interroge-le toi-même. Je reconnais sa voix, je rentre promptement. Tu m'appelleras.

CÉLESTIN.

Un léger cri sera le signal.

CAROLINE.

Bon.   (*Elle rentre.*)

CÉLESTIN.

Je voudrais épier la conduite de mon beau-frère, écouter ses discours, pour me convaincre que Thélésis... Comment faire? Ah! bonne idée, sous cette table (*Il s'y met.*) m'y voici.

SCÈNE VII.

CÉLESTIN sous la table, M. DE MORANGES, GERMAIN.

M. DE MORANGES.

J'ai tout vu, tout entendu; je les tiens. Exécute mes ordres. (*Germain se retire.*)

CELESTIN, à part.

Je ne suis pas trop mal.

M. DE MORANGES.

L'attaque était vive! s'introduire chez moi sous les habits d'un valet.

CÉLESTIN, à part.

Il m'avait reconnu !

M. DE MORANGES.

Me tendre des piéges avec une adresse...

CÉLESTIN, à part.

Il me rend justice.

M. DE MORANGES.

Il a voulu se venger de mon refus de le recevoir.

CÉLESTIN, à part.

Cela se pourrait.

M. DE MORANGES.

Où le trouver maintenant?

CÉLESTIN, à part.

Cherche.

M. DE MORANGES, s'appuyant sur la table

Parbleu, quand je voudrai, je l'aurai sous la main.

CÉLESTIN , à part.

Il ne croit pas si bien dire.

M. DE MORANGES.

Alors, je lui reprocherai son imprudence, je lui ferai sentir combien il est coupable d'avoir augmenté les tourmens que j'endurais, en débitant des mensonges, en écrivant certaine lettre.

(*Il marche avec intention sur la main de Célestin.*)

CÉLESTIN , criant.

Ahie ! (*A part.*) Comme il appuie !

SCÈNE VIII.

Les Précédens, **CAROLINE.**

CAROLINE.

J'ai entendu le signal. (*A part.*) Ciel ! Monsieur de Moranges.

M. DE MORANGES, à part.

La voilà. (*Haut.*) J'étais jaloux, c'est possible ; mais Caroline est si jolie.

CAROLINE, à part.

Si c'est là le motif.

M. DE MORANGES.

Célestin , lui-même, le deviendra peut-être.

CÉLESTIN, à part.

C'est déjà fait.

M. DE MORANGES.

Et ce qu'il blâme chez les autres, il voudra que Thélésis l'excuse en lui.

CÉLESTIN, à part.

Il a raison.

M. DE MORANGES.

Je lui en veux surtout de m'avoir trompé sur le compte de ce pauvre Germain.

CÉLESTIN, à part.

Comment a-t-il appris ?

CAROLINE.

D'où peut-il savoir ?

M. DE MORANGES.

Ensuite il m'a placé dans la dure nécessité de compromettre Caroline aux yeux de mes pensionnaires, qui fort heureusement ne m'entendaient pas.

CAROLINE, à part.

Pauvre mari, il se repent de m'avoir soupçonnée!

M. DE MORANGES.

Mais je me suis vengé en parlant de Thélésis, que son frère va marier à ma sollicitation.

CÉLESTIN, à part.

De quoi se mêle-t-il ?

M. DE MORANGES.

A l'égard de Caroline, il faudra m'avouer coupable et faire les premiers pas. (*A part.*) Elle approche. (*Haut.*) A moins qu'oubliant mes torts.

CAROLINE , à part.

Il n'en a plus.

CÉLESTIN , à part.

Elle les oubliera ; les femmes n'ont pas plus de caractère.

M. DE MORANGES.

Oui, certes elle les oubliera. Née de ma tendresse pour elle , ma jalousie ne la trouvera point inflexible; il me semble voir cette épouse chérie approcher doucement de moi.

CAROLINE , à part.

Approchons davantage.

CÉLESTIN , à part.

Regarde , regarde.

M. DE MORANGES.

Je tremble de lever les yeux sur elle, car enfin je l'ai cru volage , et me souvenant qu'un mari , même quand il est dans son tort, doit toujours paraître avoir raison , je veux et n'ose voler auprès d'elle : cloué sur mon fauteuil, je ne puis faire un pas, Caroline les fait tous. Elle est là, derrière mon siége ; je devine sa présence aux transports qui viennent m'agiter, ivre de bonheur, je m'écrie : Amour pour la vie ! j'abjure ma jalousie en pressant sa main sur mon cœur, et tombant à ses pieds , je me trouve bientôt dans ses bras et dans ceux de Thélésis.

SCENE DERNIERE.

M. DE MORANGES , CAROLINE , CELESTIN , GERMAIN , NARSES , THELESIS , DONA BARBA , Tous les Pensionnaires.

{ Pendant la fin de la scène précédente , Germain a ouvert doucement la porte du fond ; le jardin paraît illuminé. Tous les pensionnaires

(47)

*s'avancent, des bouquets à la main ; Narsès conduit Thélésis, et aux
derniers mots que prononcent M. de Moranges, ce dernier se trouve
à genoux entre Caroline et Thélésis.*)

CÉLESTIN , à part.

Encore Thélésis, c'est trop fort, et je vais... (*Il sort la tête de
dessous la table.*) Ah ! que vois-je ?

M. DE MORANGES.

Le plus heureux des hommes et le meilleur des frères, qui t'annonce avec plaisir qu'un jour tu peux prétendre à la main de Thélésis ; il ne faut que grandir.

CÉLESTIN , prenant la main de Thélésis.

Je me dépêcherai.

M. DE MORANGES , bas à Célestin.

Tu m'avais fait une peur. .

CÉLESTIN.

Et moi donc, si vous saviez l'effroi que vous m'avez causé.

M. DE MORANGES.

J'ai découvert tes ruses. (*à Caroline.*) Et reconnu mon erreur.

CAROLINE.

Vous croyez à ma tendresse, mon ami, je suis bien heureuse.

M. DE MORANGES.

Plus de jalousie, plus de soupçons ; Caroline, reçois tes amis,
ils seront les miens, ne les choisis pas trop jeunes. Nous sortirons
souvent, mais nous éviterons les endroits fréquentés, la solitude
plaît aux cœurs bien épris ; nous nous promènerons au Jardin
des Plantes : je te mènerai au spectacle, et la première fois que
l'on donnera...

CÉLESTIN.

Le Mariage de Figaro ?

M, DE MORANGES.

Non, l'Amour Conjugal , nous irons tous deux applaudir.

VAUDEVILLE.

AIR *du Vaudeville de Colalto.*

Fixons en ce jour
L'amour ,
Dans ce tranquille
Asile ;
L'amitié saura
Veiller quand l'hymen dormira.

CAROLINE.

Femmes qui souvent
Croyez les maris infidèles ,
C'est un tort vraiment ,
Car plus d'un encore est constant.

De l'Amour
Un jour,
Loin de vous, s'ils prennent les aîles,
C'est qu'ils sont jaloux
De revoler à vos genoux.
Fixons en ce jour , etc. , etc.

CÉLESTIN.

Habile à saisir
Chaque plaisir ,
J'ignore
Encore
Le plus doux
De tous :
Celui dont jouit un époux.
Constant dans mes goûts ,
J'aime une rose
A peine éclose ;
Et bon jardinier
J'en ferai naître un grenadier.
Fixons en ce jour , etc., etc.

CAROLINE , *au Public.*

Craintifs devant vous ;
Mais jaloux
De plaire
Au parterre ,
L'auteur
Et l'acteur
Eprouvent la même frayeur.

(*Elle prend la main de son mari.*)

Bien qu'il soit docteur ,
A ce mal il ne peut rien faire ;
Mais votre bonté
Peut nous rendre gaîté ,
Santé.
Qu'un bravo flatteur
Calme la frayeur
Qui nous glace ;
Lorsqu'on applaudit ,
Chacun s'embrasse
Et tout est dit.

FIN.